ENTERPRISE TALENT MANAGEMENT CHARTER
SOLIDIFYING DECISION-MAKERS' WILL INTO LEGAL PROVISIONS

企业人才管理章程

将决策者的意志凝固为法条

张诗信　王学敏　著

企业管理出版社
ENTERPRISE MANAGEMENT PUBLISHING HOUSE

图书在版编目（CIP）数据

企业人才管理章程 / 张诗信, 王学敏著. -- 北京：企业管理出版社, 2024.9. -- ISBN 978-7-5164-3130-6

Ⅰ. F272.92-65

中国国家版本馆 CIP 数据核字第 20249D8U53 号

书　　名	企业人才管理章程
作　　者	张诗信　王学敏
责任编辑	杨向辉　尚　尉
书　　号	ISBN 978-7-5164-3130-6
出版发行	企业管理出版社
地　　址	北京市海淀区紫竹院南路17号　邮编：100048
网　　址	http://www.emph.cn
电　　话	总编室（010）68701719　发行部（010）68701816　编辑部（010）68414643
电子信箱	qiguan1961@163.com
印　　刷	三河市东方印刷有限公司
经　　销	新华书店
规　　格	147毫米×210毫米　32开本　5.125印张　105千字
版　　次	2024年11月第1版　2024年11月第1次印刷
定　　价	66.00元

版权所有　翻印必究·印装错误　负责调换

人事万千结
纲举目自张

写在前面

本书（以下简称《章程》）的显著特征是，用"法条"的形式呈现企业人力资源管理的理念和方法。这是一个创新之举。其目的有二：一是追求以极简的方式表达复杂的理论观点，希望以此方便读者阅读、节省各方资源；二是追求与企业人力资源管理实践的情境对接，以此方便读者系统掌握和直接借鉴应用。

《章程》的全部内容，是奇榕咨询专家团队十多年来，在帮助各类企业解决人才管理问题的过程中，与客户企业决策团队共同创造的经验成果。这些成果事实上也是对众多中国企业经营者人才管理思想、理念、意志和要求的萃取（此前它们仅散落在企业家们的心宅里、口头上和日常管理行为中）。

各类企业可以选择通过两种方式，来应用本书呈现的理念和方法：一是将《章程》加以重新设计，使之形成本公司个性化的人力资源管理基本制度，用以系统、全面指导和规范本公司的人力资源管理实践；二是仅将《章程》作为企业家个人的"案头书"，在需要时拿出来翻一翻，以启示思考、归纳和整理自己的相关思想、理念和意志，进而借以指导本公司的人力资源管理实践。

在此我们想要强调：企业家将自己的人才管理思想、理念、意志和要求加以系统梳理、提炼和设计，从而形成既具指导功能，又具强制功能的文字化的人力资源管理基本制度，远比口头上进行"说教"或发号施令，对公司的人才招用育留工作更具影响力和效果。但同时需要说明，这部《章程》只是提供给企业家们的一个制度性文件范本/模板，每一位企业家完全可以依据自己的喜好，举一反三地加以灵活取舍。

还有以下三点需要提请大家高度关注（《章程》"序言"对此有更多表述）。

其一，全球范围内的劳资关系已经发生了深刻演变：最早是"强权时代"，后来是"交易时代"，现在是"利他时代"。利他时代到来后，企业只有首先给予员工们以足够的工作回报，并真心实意地善待和成就员工，才有可能获取到和保留住优秀人才。

其二,"改革开放"以来的大多数时间里,我国企业一直在照搬或模仿西方企业创造的人力资源管理理念、模式和方法,但2008年美国次贷危机发生以后,快速崛起的中国企业开始全面探索并逐渐形成了有中国特色的人力资源管理理念、模式和方法。现实中,扩张力和生命力旺盛的中国企业,其人力资源管理文化无不具有鲜明的中国特色,而一味照搬或模仿西方企业人力资源管理理论和方法的中国企业,则遇到了诸多困境。

其三,AI时代已经到来。面对AI技术的迅猛发展,企业界许多人士认为,在AI时代,企业所面临的员工招用育留问题,会随着AI技术的发展和应用而不再成为问题,因为AI技术的发展,会让企业大幅度地降低和减少对人的依赖,因而无需再为"人的问题"而烦恼。然而,纵观历史,人类在任何方面的任何一次革命性进步,都不是对人的依赖度的减弱,而是恰恰相反。因为,人类社会任何方面的革命性进步都意味着,需要有足够数量和素质的人才,才能适应、维持和强化这种进步,并解决由于这种进步而带来的层出不穷的新问题。

提请关注以上三个方面的"宏大叙事",意在提醒大家:每一家企业的人力资源政策,都必须符合新时代的精神内涵，只有这样才能确保企业后继有人，基业长青，而本书的行文方式和借以呈现的观点，正是建立在上述三个方面的认知基础之上的。

　　最后要声明：《章程》中的"华通公司"为化名；如有雷同，纯属巧合。

张诗信　王学敏
2024年8月于上海

目录

序　言 　　　　　　　　　　　　　　001

第一章　基本理念　　　　　　　　　001

第二章　梦想、逻辑和文化　　　　　019

第三章　组织发展原则　　　　　　　027

第四章　职级体系　　　　　　　　　045

第五章　招聘与任用　　　　　　　　053

第六章　基本激励政策　　　　　　　067

第七章　股权激励原则　　　　　　　081

第八章 绩效管理	089
第九章 人才培养	107
第十章 保留和裁员	117
第十一章 附　则	129
附录	135

序言

本《章程》的制定，充分考虑了以下四大背景因素。

背景一 华通需要一部纲领性的制度来指导和规范全公司的人力资源管理工作。

华通自2003年成立以来，人力资源管理的许多理念和经验是与时共进、可圈可点的，不然我们不可能成长为一家业务多元化、产销规模过千亿、人员规模超万人、组织结构十分复杂、品牌声誉与日俱增的集团公司。

但是，我们关于人力资源管理的许多思想、理念、意志、原则、方法、经验和要求，要么散落在公司不同层级管理者的脑子里，要么散落在公司不同的制度文本当中；与此同时，我们尚有许多人力资源管理的观念和做法是比较陈旧的,是与变化了的环境不相适应的,是与新的时代精神相违背的,是与公司的发展需要不相符的。

因而,我们有必要经过系统研究、充分讨论、顶层设计和精心提炼,形成一部面向未来的兼具指导功能和强制功能的纲领性文件,用以系统完整地诠释、指引和规范全公司的人力资源管理理念、方式和行为,为公司的可持续扩张与繁荣保驾护航。

背景二　华通的劳资关系只有顺应历史潮流,才能使公司获得可持续发展。

我们已经清晰地看到,全球范围内的劳资关系已经发生深刻变化,过往普遍通行和有效的许多人力资源管理理念及方式,已经无法适应演变后的劳资关系的市场实践。

最早(西方企业在1945年之前,中国企业在1978—1993年期间),由于劳动力资源供应过剩和法律不够健全等原因,企业界在用人时,普遍采取的是"强权型劳工管理模式":给予劳工的工资极低,提供的劳动条件极差,要求劳工的工作时间极长。

后来(西方企业在1945—1985年期间,中国企业在1993—2013年期间),由于技术和竞争环境变化,企业界越来越多地对各类专业人才构成依赖，而专业人才的社会供给却无法满足企业界的需求，于是普遍的企业开始采取"交易型员工管理模式"：通过提高员工待遇，或承诺在员工为企业做出足够贡献以后，会给予升职和加薪机会，来换取员工们的合作。

而今（西方企业在1985年之后，中国企业在2013年之后），随着社会、经济和技术的进一步发展，高效能人才越来越供不应求，加上政治和法律方面的因素，普遍的企业不得不采取"利他型人才管理模式"：首先给予人才以较高的薪酬福利以及良好的工作与成长环境，再设法通过加强管理和赋能来促使人才为企业创造价值，以此来获取和保有优秀人才。

这一历史经验明白无误地告诉我们：传统意义上的劳资关系模式已经过时了，而且历史不可能重演。这使我们意识到并确信，公司只有从根本上创新和完善人力资源管理理念和方式，才能适应变化了的劳资关系，才能适应正在快速变化的社会经济环境，进而确保公司的可持续发展。

背景三　华通相信中国式人才管理模式更具创造力和生命力。

改革开放以后的前三十年，中国企业在人力资源管理方面，普遍采取的是照搬或模仿西方企业创造的人力资源管理理念和方式，因为在那时的社会舆论场上和企业家们的心目中，西方企业创造的东西几乎都是完美无缺的，因而都是值得学习的。

然而，2013年以后，随着国内外经济环境的变化，我们逐渐意识到，中西方企业的人力资源管理文化有着实质性区别。西方企业普遍遵循的理念是"利益优先、丛林法则、短期交易"。正是这种人才管理理念，促使了西方企业早期的强势发展，也促使了西方国家后来的产业空心化及中产阶级的逐步衰落，并且一定程度上刺激了发展中国家企业用人成本的持续增加。中国企业虽然一直试图照搬或模仿西方企业的人力资源管理模式，但其深层的理念则是追求"情利并重、和合共生、彼此忠诚"。正是这一无意识的理念，促使了中国企业在新的全球产业格局下的"逆势崛起"，并成为中国企业全球竞争力的重要来源。

我们进一步观察到一个事实：凡是发展良好且前景可期的中国公司，无一不是采取"情利并重、和合共生、彼此忠诚"理念下的人才管理模式；凡是笃信和照搬西方企业"利益优先、丛林法则、短期交易"的中国公司，在新的市场环境下日益步履维艰。

因而我们认为，华通人力资源管理的宗旨、立场和方式，需要充分体现中国传统的文化特色，并扎根于与时共进的中国社会制度现实。为了确保这一认知在实践中长期有效且不走样，我们需要用一部纲领性的制度文件将其固化下来。

背景四　AI时代更需要重视人才管理。

AI时代已经来临。全球范围内的有识之士已经达成共识：人工智能将深刻影响和改变人类社会、经济、教育、科技、艺术、军事等所有方面的未来发展。因此，我们需要高度关注并深入研究AI技术的发展对华通公司的未来可能构成的所有冲击和影响。

过去二十多年，华通得以发展的重要原因之一就是，我们很好地抓住了时代、国家、产业、技术发展趋势下的机会。面对已经到来的AI时代，我们要积极拥抱AI带来的所有变化，更要主动和大胆地研究如何利用AI技术来发展我们的公司。

需要特别警惕的是，面对AI技术的迅猛发展，企业界有许多人士认为，在AI时代，企业传统上所面临的员工招用育留问题，会随着AI技术的发展和应用而不再成为问题。言下之意是，AI技术的发展，会让我们大幅度地降低和减少对人的依赖，我们无需再为"人的问题"而烦恼；即便还有"人的问题"，不断发展的AI技术也会自动帮助我们来解决。针对这一论调，我们要高声回应：此言大谬！

纵观历史发展，人类在任何方面的任何一次革命性进步，都不是对人的依赖度的减弱，而是恰恰相反。因为，人类社会任何方面的革命性进步都意味着，需要有足够数量和素质的人才，才能适应、维持和强化这种进步，并解决由于这种进步而带来或派生出的层出不穷的新问题。

所以我们认为，在AI时代，我们恰恰要更加重视人才管理。可以预见，随着AI技术的发展，企业间对各类人才，特别是新型专业技术和经营管理人才的争夺战和保卫战，必将更加惨烈地上演。我们需要未雨绸缪，而不是被一些谬论所误导，更不可坐以待毙。

第一章

基本理念

第1条

　　企业的资本及其外化的土地、厂房、机器设备、技术、品牌等，需要有赖于包括管理者在内的员工们基于知识、经验和技能的创造性劳动，才能得到保值和增值。因此，我们必须始终坚持这样的观念：员工是公司的财富。

　　在任何一个行业中，盈利规模越大的公司，通常员工人数也越多，这充分说明了员工在企业经营与发展中的作用与地位。看不到这一点，要么是无知，要么是心里有鬼。看不到或不承认这一点，便不大可能善待员工，因而对员工是缺乏真正影响力的。

　　要谨防一种观点：员工是企业花钱雇来的赚钱工具。这一"古老"的观点透露的是资本的冷酷和血腥，我们在任何情况下都应该鄙视和唾弃这一观点。

第 2 条

华通公司人力资源管理的基本理念是成就员工。

"成就员工",不是指简单直接地投员工人性之所好,无条件地满足员工们的一切诉求。如果是这样,无论对员工还是对企业,都将是有害的。"成就员工"的正确含义是,要理性地从员工的长期职业生涯发展出发,通过一切合法且有效的方式,来提升员工们创造卓越业绩的能力,以此让员工们有条件在职场上可持续地获取更大的物质回报、精神回报和机会回报。

所谓"物质回报",是指员工们对金钱的追求;所谓"精神回报",是指员工们工作过程中的体验感和成就感;所谓"机会回报",是指员工们未来可持续地获取更大的物质和精神回报的可能性。

以"成就员工"为人力资源管理的基本理念,其必要性还在于,只有秉持这一理念,企业才有资格理直气壮地对员工提出高标准、严要求。如果不是为员工利益着想,却又要对员工提出高标准、严要求,这种管理是不道德的。

第3条

以"成就员工"为人力资源管理的基本理念和导向，对公司人力资源管理的所有方面都将持续构成挑战和要求，因为只有从招聘、任用、培育和保留等各个方面不断地创新人才管理方式，才能逐步趋近于这一目的。

这一理念和导向要求我们做到：在招聘人才时，要确保把合适的人才招聘到公司，否则无论多么先进和良善的管理理念与方式，都不会产生好的效果。在任用人才时，首先要确保把不同的人才放在合适的岗位上，进而要确保其产出好的业绩，并基于公平分配原则，让其获得尽可能好的工作回报。在培育人才时，要确保人才理解什么才是真正的"成就员工"、为什么要"成就员工"，以及要让人才切实能够建立起创造更佳业绩的能力。在保留人才时，要确保被保留的是真正有能力、有潜力和价值观与公司契合的员工，而要剔除那些能力和业绩差，或者价值观与公司相悖且改变无望的员工。

要做好上述招用育留四个方面的工作，毫无疑问需要公司各级管理者和有关专业部门始终在积极的心态下坚持不懈地探索。这里所说的"积极的心态",就是始终要有"做难事必有所得"的工作信念;这里所说的"坚持不懈地探索",就是始终要有"百尺竿头更进一步"的精神斗志。

第 4 条

公司各级管理者必须建立以下认知。

（1）只有严格要求员工，让员工们具备足够能力创造最佳业绩，进而可持续地从工作中获取更大的物质、精神和机会回报，才能真正赢得员工们的真心认可、拥护和爱戴；不关心员工的职业发展和诉求，对员工要求低的公司和管理者，最终会让员工们产生不满甚至怨恨，因为这样做从根本上损害了员工的利益，也是对公司不负责任的表现。

（2）严格要求员工的重点始终是，让员工不断提升其创造更佳业绩的能力。员工们有了足够强的创造业绩的能力，不一定能够立即获得让其满意的工作回报，但让员工们通过努力工作而不断提升业绩能力，将可以使他们在未来的时间里获得更多的工作回报，包括离开本公司以后从其他公司获得工作回报。

（3）极有可能会出现一部分员工，不能在短期内领悟"严格要求员工，让员工不断提升创造更佳业绩的能力"对于他们个人的意义。因为,人性中存在"短视"和"对自由的向往"这两大弱点,它们会导致员工们可能看不到或不能理解被严格要求与其个人利益之间在时间轴上的必然联系。即便如此,我们还是要尽心尽力地去探索更有效的领导艺术,从而发挥影响力。

第 5 条

华通人力资源管理的所有方式，都必须围绕公司的业务战略与业绩目标而展开；任何一种人力资源管理方式的应用，距离业务战略和业绩目标越远，其存在的合理性和有效性就会越低。

如果华通的业绩不能在同行中处于领先水平，说明我们的人力资源管理方式是有问题的，是需要改进的，也说明我们无法为员工们提供更好的物质、精神和机会回报。

这要求我们在出台任何人力资源管理政策，乃至采取任何人力资源管理行为时，脑子里都必须装有"业务"：凡是有助于业务发展和业绩提升的人力资源管理举措，都可以积极尝试；凡是与业务发展和业绩提升没有直接关联的人力资源管理主张，对其有效性和必要性都要加以怀疑。

第 6 条

我们相信：个人的力量是有限的，团队的力量是无穷的。因而**任何时候，我们都应该把公司、部门、事业部和分子公司托付给一个动态变化的人才群体，而不是仅依赖于某一位当前比较能干的个人。**

无数的经验教训告诉我们，将一家公司或部门的未来发展"押宝"在某一位能人身上，无不是因为其能力和品德是值得信赖的，因而总是对其寄予厚望，但这其实是一种在人才管理上的"偷懒"行为。因为，这样做可以省略掉许多本来应该要做的工作。然而，这种偷懒行为对公司和部门的发展是潜藏着较大风险的，因为个人的能力无论如何都是有限的，再强的个人能力，也无法支撑起宏大的事业，此外个人是可能会发生变化的，并且随着时间的推移，所有的个人都将被历史所淘汰。

所以我们要相信团队的力量，要把所有的分子公司和部门托付给动态变化的人才群体。虽然这样做会花费更多的心力和成本，但长期看这将是值得的。

第 7 条

　　通过业务战略、组织战略和人才战略的设计和不断优化，让员工们将自身利益及职业发展与公司的事业密切交融，以此将团队打造成为相互信任、能力互补、携手共进、利益共享的事业和命运共同体，是公司人力资源管理在组织层面的基本任务。我们相信，只有追求这样的目标和遵循这样的路径，华通的人力资源管理才能同时实现公司和员工利益的最大化。

　　这一定位要求我们在选择业务、组织和人才战略时，视野要尽可能地宏大，并且要确保我们所追求的事业目标和实现路径有足够大的社会价值。因为，**只有宏大视野下的业务、组织和人才战略，以及实现战略的路径和方式，才能装得下足够多的有"野心"的人才**；也只有凝聚到足够多的有"野心"的人才，公司才能具备更强的适应力、生命力和扩张力；进而，公司才有条件吸引和容纳更多的有"野心"的人才。

第8条

要实现我们所追求的人力资源管理目标，涉及到一个如何选择人力资源管理方法及工具的问题。任何一种人力资源管理的具体方法及工具，其背后一定有特定的管理思想。故而，我们在选择应用人力资源管理方法及工具时，有必要探寻其背后的管理思想。不要幻想与我们的思想相左的管理方法，会产生我们所期望的管理效果。

与此同时，我们有必要知道，任何一种人力资源管理方法及工具在应用过程中，都存在产生偏差或不能快速产生理想效果的可能性。在这种情况下，我们要有耐心，要反复实践，而不应轻易放弃。

在应用和创造新的解决人力资源管理问题的方法及工具时，我们还有必要经常提醒自己：我的理念符合公司的理念要求吗？这一点之所以有必要指出，是因为人的理念会有差异，而且人很容易犯习惯性错误，而固有的思维习惯很可能是与公司要求相冲突的。

第9条

虽然我们强调华通的人力资源管理应符合中国文化特色和社会制度特性，但在人才管理理念和方式构建方面，我们又十分有必要始终防范两种极端的行为倾向：一是盲目崇尚和照搬西方企业创造的"科学"经验，二是一味排斥外来的管理思想和经验。正确的做法是，既坚守文化传统和企业个性，又开放包容、善于学习一切有用的东西。

我们有必要建立这样一个认知：**在人类历史上，任何一个国家、民族、团体和组织，无论是任由外来文化对自身传统形成替代，还是固守自身传统而一味排斥外来文化，都将快速走向个性的消亡**；我们中国人一直有一个特性，就是既坚守老祖宗给我们留下的有用的东西，也不排斥一切外来的对我们有用的东西，所以我们的文化历经数千年仍绵延不绝、朝气蓬勃。华通是中国的企业，也应保持如此天赋秉性。

第10条

华通希望员工们的职业追求和职业行为能够最大化满足公司对他们的期望，但同时也要尽量尊重员工们个性化的职业追求和职业行为。如何将二者巧妙地统一起来，是公司高级管理者们需要始终研究的课题。

我们有必要认识到，华通作为一家公司，能力是有限的，我们不可能满足每一位员工在职业方面的所有个性化需求，而只能基于公司的需要尽可能地照顾到个体员工的想法。

为了解决由此而带来的问题，我们有必要按照任正非先生的观点，把公司的员工分为三种类型：卓有成效的奋斗者、一般奋斗者和普通劳动者。对于不同类型的员工，应采取有区别的政策。我们的政策要尽可能向"卓有成效的奋斗者"群体倾斜，不仅要让他们拿到远高于其他类型员工的薪酬，还要让他们通过持有公司股份的方式来持续分享公司发展的红利，并且要持续地为他们创造更佳的职业机会，让他们能够充分地展示才华、提升能力和获得回报。

在这一分类和定位下，员工们可以有自己的个性化选择，公司也可以据此来甄选人才。

第11条

在人力资源管理过程中,要避免出现"看似大家都负责,实则无人负责"的管理真空。

为避免这样的管理真空,我们需要确立一个分工协作原则:集团人力资源中心是全公司人力资源管理的责任中心,各级直线管理者是其所辖团队人才管理的责任主体。二者之间的协同水平,决定了公司人力资源管理的效能。

集团公司人力资源中心的核心职责是,根据公司的业务战略和组织战略,来制定覆盖全集团公司的人力资源管理政策、制度和标准,并对相关政策、制度和标准的执行承担监督责任,同时指导和协助各级直线管理者做好人才的招聘、任用、培育和保留等具体工作。

各级直线管理者在集团公司人力资源管理的基本政策、制度和标准下,对本团队人才招用育留工作负主体责任,即团队人才的招聘、任用、培育和保留要由团队管理者负责规划、计划和执行,并且应该在专业上主动向人力资源中心求助,不能只是"等靠要怨"。团队存在任何人才招用育留问题,其直线管理者是第一被问责者。

本《章程》为集团公司人力资源中心与各级直线管理者的工作协同提供了方向、原则和框架。在执行过程中涉及的具体方法及协作艺术,需要二者在不违反本《章程》的前提下共同探索。二者在合作过程中创造出来的可复制的经验成果,经公司人力资源委员会(见第21条)研究同意后,可以固化为公司的管理标准。

第二章

梦想、逻辑和文化

第 12 条

事业梦想、业务逻辑和组织文化是公司人力资源管理的"灵魂"。

我们相信，员工在事业梦想高远、业务逻辑严密和企业文化有向心力的公司工作，更有利于个人职业发展，其持续获得的工作回报也必然会更多。当公司有了高远的事业梦想时，员工们便会因为从事的事业具有挑战性和社会意义，并由此设想到公司对于个人职业人生的价值，而更加充满工作激情；当公司有了可靠的业务逻辑时，员工们便会相信公司更有可能实现既定的事业梦想，并因而更加相信个人在公司的职业前景是十分可靠的；当公司有了用于凝聚人心的组织文化时，员工们便会更具向心力，公司将更具感召力。

所以，我们不仅要让每一位员工充分理解公司的事业梦想、业务逻辑和组织文化，而且还要采取一切有效的方式，将公司的事业梦想、业务逻辑和组织文化转化为个体人才的职业理想、价值观、自信心和工作自豪感。

第13条

华通经过二十余年的发展,已经是一家业务多元化、产销体量巨大的集团公司,而且还将有可能不断进入新的业务领域。因此,要在集团公司层面形成统一的事业梦想和业务逻辑是有难度的。在这种情况下,我们要求业务单元层面各自都要有事业梦想和业务逻辑的个性化呈现及阐述。

各业务单元应在集团人力资源中心的指导和参与下,按照统一的标准格式讨论和输出适用于本业务单元的事业梦想和业务逻辑,并经人力资源委员会认可后正式公布。

各业务单元讨论、提炼和输出的事业梦想和业务逻辑是否可行的一个标准是:事业梦想是否能够让员工们(特别是中层以上的管理者和技术精英们)充满激情,以及业务逻辑是否能够让他们产生信任。如果不能做到这两点,说明相关业务单元所追求的事业尚不足以真正激励到员工,因而取得成功或进一步取得更大成功的可能性是令员工们存疑的。

如果一个业务单元最初提炼的事业梦想和业务逻辑能够让员工们产生激情和信任，但随着时间的推移，员工们的激情和信任逐渐消退，那么该业务单元的决策团队就应反思：是哪些方面出了问题？怎么解决问题？是否需要重新定义事业梦想和业务逻辑？或者需要改善其他管理制度？

第14条

事业梦想和业务逻辑要在业务单元层面进行研讨和提炼，组织文化则应是全集团公司统一的员工文化行为准则。以下五条，是全集团公司所有员工应遵守的《文化行为准则》。

（1）做人的准则：热情、诚信、进取、担当、感恩

（2）做事的准则：严谨高效、日清日高，迎难而上、追求卓越

（3）团队合作的准则：相互尊重、主动沟通，目标导向、彼此成就

（4）对待客户的准则：快速响应、主动服务、耐心沟通，以专业品质赢得行业口碑

（5）自我要求的准则：拥抱变化、终身学习，自我驱动、自我突破

第15条

有了事业梦想、业务逻辑和组织文化，我们就有必要将之作为公司取舍人才的标准之一。不认同公司事业梦想和业务逻辑、不遵守公司《文化行为准则》的人员，不宜聘用和保留。

为此，我们有必要定期对员工们认同公司事业梦想和业务逻辑、遵守公司《文化行为准则》的行为表现进行必要评估，并将评估结果与员工个人的切身利益挂钩。

定期评估员工们认同公司事业梦想和业务逻辑、遵守公司《文化行为准则》的行为表现，不应是逐一评估每一位员工在每一项要求上的具体表现。这样的评估不仅劳神费力，而且容易流于形式或产生分歧，评估结果还往往不为员工所认同。标准做法应该是，通过识别极端行为事件，定期以适当的方式奖励有优良行为表现者，处罚有不良行为表现者；奖励和处罚，都要有充分的令人信服的事实依据。

第三章

组织发展原则

第16条

华通的公司组织由两部分构成：一是本体组织，它是以华通品牌命名并由华通公司承担组织成本和法律责任的机构及人事的复合体；二是外围伙伴，它们是围绕华通事业而聚集在华通公司周围，与华通有战略性合作关系的关联公司，它们与华通是利益、事业和命运共同体，但不一定使用华通品牌，其组织运营成本和法律责任由它们各自承担，并且彼此之间不一定构成业务、组织和财务关系。

之所以要把"外围伙伴"视为华通组织机体的一部分，不仅是因为在华通过往的发展过程中，外围伙伴为华通的发展壮大立下过汗马功劳，更重要的原因是，随着经营环境的进一步变化，仅靠华通自身的力量来获得进一步扩张与发展，势必面临越来越多的不确定性，特别是在必然会出现的经济下行周期里，华通庞大的组织机体所背负的成本及其运行中的惯性，极有可能会成为公司应对压力和风险的限制性因素，因而我们需要借助外围伙伴的力量来提高品牌影响力、增强市场渗透力、提升组织灵活性、分散财务风险。当然，这也意味着我们要与外围伙伴更多地分享发展机会，更多地开发与共享华通的品牌、组织、技术和财务资源。

第 17 条

华通管理本体组织的基本原则是，必须体现统一性、稳定性和适应性；华通管理外围伙伴的基本原则是，必须体现开放性、包容性和可控性。二者是相辅相成、相互借势、相互赋能的关系，它们共同促使华通具有强大的组织能力和保持良好的公司形象。

所谓本体组织管理的"统一性、稳定性和适应性"是指：华通公司组织的主体部分必须统一在华通品牌旗下，按照一致的品牌标识来进行设计和控制，整体组织设计和管理行为必须遵循一致性原则，且必须确保公司组织的稳定和高效；与此同时，公司的组织形式和管理方式又应随着业务、规模、市场环境的变化而变化，并且应随着公司所追求的效率、质量、成本、安全和创新战略目标的变化而变化。

所谓外围伙伴管理的"开放性、包容性和可控性"是指：华通愿意与所有有意愿和能力围绕华通业务而展开业务活动的组织建立和发展战略性合作关系，让它们依托华通的品牌和业务来发展壮大自身,并且允许所有的外围战略伙伴有独立的管理和文化个性,尊重其战略选择。但在选择这类外部战略性合作伙伴时,我们必须要有原则:其行为不会对华通的品牌形象和业务发展构成损害;在合作过程中,一旦有外围伙伴对华通的品牌或业务构成损害,且在其不愿意改变的情况下,必须将其排除在华通事业体之外。

第18条

华通本体组织由三条主线构成：一是横向专业分工线，二是纵向管理控制线，三是斜向专业辅助线。这三条主线也是华通组织的三大基本职能。在进行组织设计和优化时，有必要对这三大职能线所涉岗位进行系统性和平衡性思考与取舍。

在规划组织的"横向专业分工"职能时，应渐进地追求精细化分工。分工的粗细程度应充分考量效率、质量和成本的平衡，并适度追求超前性。"超前半步"应是明智的选择。

在规划组织的"纵向管理控制"职能时，应尽可能追求扁平化，只有在管理跨度太大，因而影响到效率、质量和成本时，才不得不增加管理层级。并且，管理岗位设立的依据是对职能和业务流程的合理分工，并以实现组织目标所必须从事的一项经常性工作为基础。职务的范围应设计得足够大，以此强化责任、减少协调和提高任职的挑战性与成就感。

在规划组织的"斜向专业辅助"职能时,要以"少人化"为原则,即尽可能地安排较少的人员做专业辅助性工作,除非不增加岗位和人员不足以提高效率和质量时,才设立专业辅助岗位和人员。与此同时还需要考虑成本问题,因为职能人员过多,不仅会增加不必要的成本,而且职能人员会习惯性地为了体现自身存在的价值,而大量地制造出无谓的工作来,导致公司效率低下、内耗严重。因此,职能岗位的设置及人员的增加,必须是"不得已而为之"的事情。要谨防管理者以"科学管理"为借口(实际上是偷懒),而要求或在职权范围内自行增设职能岗位或增加职能人员。

第19条

  本体组织规划和优化的权力应集中在集团总部人力资源中心，并且任何局部的创新都要经过民主议决。确定这一原则的考虑是，**应防止部分直线管理者在"为了更好地实现业绩目标"的名义下，通过增设下级岗位和增加下属人员来掩饰自身的无能，或推卸责任或蓄意提高自身地位。**

  为了减少和避免组织的无限度膨胀，降低由此带来的人员及成本增加，以及进而必然带来的管理压力的增加，同时为了避免因为过分谨慎的组织控制而丧失业务扩张机会，我们有必要将"人均效能"作为对有关管理者和职能部门的绩效进行考核的重要指标之一，并将考核结果与主体责任人的个人利益进行必要挂钩。不过，对于新建业务部门，可以适度降低该考核指标的目标值要求。

  做出这一规定的一个附加目的是，培养管理者的经营思维和能力。因为我们相信：有经营思维和能力的管理者，其业绩将会更好，其职务向上升迁的机会会更大。

第20条

公司未来一个相当长的时期内,都要坚持现行的矩阵式组织结构。这一组织结构,是我们在过往发展过程中不断适应业务战略和环境变化而做出的合理选择。只有在公司的业务发展充分证明现行的矩阵式结构已经制约了公司的进一步扩张,而且数据显示这种组织结构的综合效率、质量和成本低于拟议中的组织形式时,才应对现行的矩阵式组织结构进行必要的创新。

现行的矩阵式组织结构在实践中容易出现的问题是,职能部门和业务部门的职责因为存在交叉,而出现责任主体模糊或不明确的"管理真空"。为了解决或杜绝这类问题,要坚持"业务部门始终是责任主体,职能部门只提供专业指导及支持"的原则。

在上述原则下,为避免业务部门因权力过大而滥用权力的情况,集团总部人力资源中心每年应对职能部门和业务部门的协作效果进行必要评估,并通过优化制度设计来解决二者之间的高效协同问题。

第21条

随着业务发展，公司必然会出现众多的业务部门、事业部、分/子公司、地区性公司和跨国分支机构。无论公司的组织如何扩张，都必须遵循"统分结合"的原则来实施组织对业务、财务和人事的管控。集团公司下设三大机构来分别实施具体的管理控制：战略规划委员会、人力资源委员会和财经管理委员会。

战略规划委员会负责对公司整体和各直线业务单位（业务部门、事业部、分/子公司、地区性公司和跨国分支机构；下同）的业务取舍、业务边界和业务目标进行定义、规划和控制，直线业务单位只能在战略规划委员会确定的业务规划和原则下开展业务活动。

人力资源委员会负责公司整体的人力资源管理相关标准的规划、发起、审核和执行监督，并负责全公司中层以上岗位干部队伍的规划、赋能与相关计划的督促落实。各直线用人单位和集团人力资源中心在人力资源委员会确立的管理体系及原则下，协同做好具体的人力资源管理工作。

财经管理委员会负责对公司整体和各直线业务单位的财务运行规则、目标、策略及投融资项目进行整体规划和运行监控。各直线业务单位必须在财经管理委员会确立的原则和规范下，实施财务工作的日常管理。

战略规划委员会、人力资源委员会和财经管理委员会各自须有自己的人员构成、运行模式、工作流程与管理标准。

第22条

干部队伍的整体能力素质是公司组织建设与发展的基础。公司的各级管理者应当做到以下五点。

（1）保持强烈的进取精神和忧患意识，对公司的未来和重大经营决策承担个人风险。

（2）坚持公司利益高于部门利益和个人利益。

（3）倾听不同意见，团结一切可以团结的力量。

（4）加强政治品格训练与道德品质修养，廉洁自律。

（5）不断学习，有职业韧性，善于自我激励。

为了促使公司每一位管理者具备以上条件，集团总部人力资源中心应从招用育留四个方向上采取综合性管理措施，并确保能够产生积极的连续性效果。

与此同时，我们有必要让各级管理者知道、理解并认同：**管理者的基本职责是，依据公司的宗旨主动地和负责任地开展工作，使公司富有前途、工作富有成效、员工富有成就；管理者履行这三项基本职责的程度，决定了他们的权威感与合法性被下属接受的程度。**

第23条

我们有必要认识到，企业的经营环境正在以前所未有的速度加速发生变化，变化导致企业经营管理各个方面的不确定性正在持续增加。在这种背景下，将一部分非核心业务或不会形成"卡脖子"效应的业务交由外围合作伙伴来协同完成，应是明智的选择。

我们发展外围伙伴的基本原则是：被发展的外围伙伴，其主营业务必须以华通的业务为主体和中心，华通的业务应占其公司营业收入的70%以上。只有这样，它们才能对华通保持相对忠诚，才会敢于与我们一道投资和经营未来。

我们与外围伙伴之间的合作关系是排他性质的，即华通的外围伙伴不可以与华通的竞争对手建立和保持相似的战略合作关系。

第 24 条

在与外围伙伴开展合作时,我们必须要有以下四个方面的认知和胸怀。

(1)华通的外围伙伴也是华通机体的组成部分,它们的员工是"不在华通领薪水的华通人"。

(2)应该有原则地让外围伙伴利用我们的产品、品牌和组织能力来拓展自身的业务和扩大影响力。

(3)外围伙伴的能力(包括品牌影响力、市场拓展力、知识产权等)也是华通能力的组成部分。

(4)我们有责任通过设计友好型价格政策、佣金政策、支付政策、金融政策和市场保护政策等,来确保外围伙伴的利益,并确保它们拥有健康的运营能力,使它们具备跟华通战略与策略同步的扩张能力。

第25条

我们有必要与每一家外围伙伴一道，每年对它们的业务目标与计划进行规划，并在计划的执行过程中保持良好的沟通和协商，以增强适应性和确保目标达成。但是，要尽量不干涉外围伙伴的内部管理。这要求我们在与外围伙伴合作的过程中，必须避免"大爷"心态，即认为外围伙伴要依赖于华通才能生存和发展，因而可以对他们发号施令、颐指气使，可以对他们的经营管理行为指手划脚、横加干涉。

我们必须坚守这样的定位：任何一家外围伙伴与华通的关系都是平等性合作关系，在这种关系定位下，双方合作中的任何事项、问题和分歧，都必须采取友好协商的方式予以解决。

第 26 条

尽管我们原则上不干涉外围伙伴的"内政",但却有必要真诚地希望、要求和帮助它们采取与本《章程》相一致的人力资源管理理念和方式,因为我们相信,这样做对它们的组织发展有益无害。

我们要通过持续举办培训班和提供及时指导与协作的方式,积极地帮助外围伙伴导入本《章程》确立的人力资源管理理念和方式。在过程中要遵循友好沟通、避免强压的基本原则,最终的选择权归属外围伙伴。

第四章

职级体系

第 27 条

公司的职级体系由管理、技术、专业和销售四条职能线构成，每一条线分设若干的职务层级，不同条线上同一层级的职务处于对等地位。

公司应始终依据员工的能力和意愿，让员工在不同职能线上寻求向上发展的机会。这一设计的目的有两个：一是为了确保公司运营的高效率和高质量，二是让员工清楚地看到自己在公司组织中实现职业理想的路径和方式。

设立任何职能线上的任何职务时，都应由直线部门提出申请，并由直线部门会同集团人力资源中心对拟设职务的目的、工作范围、隶属关系、职责和职权，以及任职资格（含升降级标准）作出明确规定，最后经由公司人力资源委员会审议批准后生效。

第28条

公司依据下列"人才管理万用表"来设计和优化公司的职级体系,并用以引导员工们在公司的事业平台上做出符合自身职业志向和能力特点的职业规划。

职务等级	价值分分值范围	岗位层级基准分	修正系数(平均)			个人价值分	个人职务等级
			岗位权重	个人综评	服务年限		

这一工具之所以叫"万用表",是因为我们不仅要用该表来规划和优化公司的职级体系,而且要用该表来设计

和优化公司的薪酬政策、奖金政策、股权激励政策,并还将遵照该表的设计原理来制定与之配套的管理标准,以评估每一位员工对公司的价值的动态变化,并基于评估结果决定员工们的职务升降及相关利益。

公司任一岗位的人事任免,都应避免"当权者"个人拍脑袋做决策的行为,而应由决策团队依据"人才管理万用表"及相关标准来议决。只有这样,才能最大可能地避免犯错,才能让员工们心悦诚服,才能起到引导员工们向上向善的作用。

第29条

集团人力资源中心要会同各直线用人单位管理者,为每一岗位制定任职资格和升降级标准,以便与"人才管理万用表"配套使用。

"人才管理万用表"所呈现出来的公司职级体系以及相关标准,是确保公司各项人力资源管理工作系统有效的基础性机制。特别是,该表对内部员工和外部潜在员工均具有激励效应,因为它不仅可以让员工们清楚地看到自己在公司组织中实现职业理想的路径和方式,而且可以在招聘时使公司对外部人才更具吸引力。

集团人力资源中心应每年对公司的职级体系进行一次检视,发现有不适应新形势、新情况、新变化之处,应及时予以更新、修订和完善。

在管理和运用职级体系时,我们强调实用性原则。有关部门和人员在制度的建立和健全方面,应弃繁从简、求真务实,要避免玩味专业、追求绝对完美倾向。

第30条

要引导员工将个人的职业发展与公司的职级体系实现最佳结合,只有这样才能实现组织和个人的双赢。

公司的高层管理者和人力部门有必要意识到,员工们有可能看不到自己在公司的发展空间。因为静态地看,向上通道上的每一岗位都已有适配人员,但动态地看,大量的职业机会会随着公司的发展而派生出来。

比如,随着公司规模的扩大、人员的增多、新增业务的开展、进入新的地理和细分市场等,都将产生大量职位,需要有合适的人员来承担责任;与此同时,公司会持续进行必要的管理变革和基于绩效评价结果的人事变动,每一次管理变革和人事变动,都意味着"能者上,庸者下";此外,如果一位员工拥有独特能力或为公司做出了卓越贡献,公司也有可能专门为其"制造"出岗位机会。

第31条

把合适的人才放到合适的岗位上,让其充分展现才华、创造最佳业绩,是我们永恒不变的追求。但鉴于人的难于评估性,而用错人则会给公司、团队和当事人均造成损失,因而我们反对纯粹依据个人经验、直觉、好恶来评估、取舍、任用人才的做法。任何人员职级的升降或平移,都有必要依据"人才管理万用表"及其配套管理标准,采取民主议决的方式来实现。

民主决策虽然并不能确保绝对有效,但可以减少失误。最重要的是,我们需要通过民主决策的方式来建设我们的管理文化,并让每一位参与决策者得到历练和成长。

第五章

招聘与任用

第32条

要始终高度重视人才招聘工作，因为只有不断有新的优秀人才加盟华通大家庭，才能实现本《章程》确立的人力资源管理愿景。我们有必要认识到，**人才的培养、激励和管理固然十分重要和必要，团队的作用与力量也不可忽视，但只有招聘到具备较好基础条件的个体人才，才能让人才的培养、激励、管理及团队协同产生事半功倍的效果。**

人才招聘是一项系统工程。有效的招聘，需要充分考虑人才市场的变化、公司各方面条件对人才的吸引力、招聘工作的责任主体和协同责任者、人才进入公司以后的融入、人才在公司的成长和收获等众多因素，以及各项因素之间的相互协调。

过往，凭借公司的品牌影响力、有竞争力的薪酬政策及高速发展给人才们带来的职业机会，再加上比较充沛的社会人力资源供给，我们总体上获得了公司发展所需要的人力资源。但随着公司不断进入新的业务领域和细分市场，各类专业人才的社会供给日益吃紧，公司大部分业务部门面临着较大的招聘压力，而且可以预见，未来的招聘压力还将更大。所以，集团人力资源中心要牵头，对公司的招聘工作流程和标准进行系统和持续的优化，从而确保我们的事业后继有人。

第33条

过去二十多年来，我们有过无数次招聘失败的教训，招聘失败给公司造成的直接经济损失远远超过十个亿。

招聘失败的根本原因是，我们在招聘过程中由于盲目自信、轻率决策，而错误地把有问题的人才或庸才招聘进了公司，并放到了重要岗位上。具体表现为，公司没有形成由团队做招聘决策的文化氛围和工作习惯，主要是依赖于决策者的个人经验、直觉、好恶来评估与取舍人才，而公司专业部门对人才招聘的全流程又缺乏应有的创建和控制。

近年来，公司的人才缺口日益增大，为了解决这个问题，我们越来越多地借助猎头公司来获取中高级管理和技术人才。但在通过猎头渠道招聘人才方面，我们也有过大量的和深刻的教训。最大的教训是，**猎头公司推荐人才时，出于自身利益的考虑，往往会粉饰候选人的背景、夸大候选人的能力并蓄意抬高候选人的身价。**

这一来源的部分人才到岗之后,为了体现自身的价值、兑现自己的承诺、满足公司的期望,他们通常会要求招聘更多的优秀下属来"辅助"自己实现工作目标,从而既推高了公司的用人成本,又滋生出一系列新的管理问题。

第 **34** 条

为减少和避免失败的招聘,我们有必要普及和坚持运用下述"E9人才评估标准"来对每一位候选人进行评估。无论来自哪个渠道的候选人才,都有必要运用这套评估标准对其进行系统评估,只有这样才能降低人才招聘的失误。

评估方向	评估指标
职业价值观	职业或专业追求
	信任公司的程度
	工作投入度
岗位胜任能力	知识和经验
	进取心与计划性
	意志力与应变力
适应变化的潜力	健康及家庭状况
	职业规划
	学习行为模式

在应用这套标准来评估人才时,有关管理者不应按照

个人喜好随意更改评估结构及内容,否则我们就无法形成任何标准。我们要借鉴华为公司的经验来应用这套标准:先僵化,再优化,最后固化;如何僵化、优化什么、何时固化,均应民主议决。

第 35 条

招聘过程中,采取民主的方式来评估和取舍人才,应成为我们的工作习惯,因为只有这样做,才能最大化避免招聘者因受限于个人的经验、性格和好恶而对候选人"看走眼"。

"E9人才评估标准"是在人才招聘方向实现民主决策的重要工具。在运用这一标准来对候选人进行民主评估和取舍时,所有参与决策的人员都必须有高度的责任心,要认真对待每一位候选人的每一项评估,绝对不能容忍有"做老好人"、看领导脸色行事和敷衍应付的行为表现。

第36条

在招聘过程中,所有参与招聘的人员,都不应以"施舍者"的傲慢心态和方式来对待候选人,而应以寻求合作伙伴的友善心态和方式来对待所有应聘者,包括在面对面沟通和非面对面沟通的过程中,以及在招聘文书语言措辞的运用上。招聘过程中对待应聘者的任何傲慢态度和行为,都是对华通品牌形象的极大损害。

特别是招聘过程中的"窗口人员",他们代表着公司的形象,应聘者是通过他们来感受公司并形成对公司的关键印象的。"窗口人员"如果不能给应聘者留下良好印象,真正有才能和个性的候选人必会与我们擦肩而过。所以公司要求,"窗口人员"必须具备以下三点基本条件。

(1)真心热爱公司,爱岗敬业。

(2)有足够的亲和力和同理心。

(3)有识人能力并知道如何影响候选人。

第37条

任何新进人才都必须经过必要的培训，才能投入到实际工作岗位中。因为，只有经过必要培训，新人才能快速融入团队、适应工作，才能产出较好业绩，进而才能在公司扎下根来；反之，聘用失败的概率就会增加。

我们有必要牢记，任何招聘的失败，都意味着给公司造成相应的直接、间接和机会损失。

任何新人入职后，均须经过3~6个月的试用期，这是对公司也是对当事员工负责任的做法。对于试用期不合格的新人，不能采取简单粗暴的方式一辞了之，而应运用"E9人才评估标准"再一次对其进行民主评估。只有经再次评估后认为其确实无法满足工作要求，且公司没有其他合适岗位时，才可以审慎地做出解聘决定。

第38条

要谨防"武大郎式的管理者"，因为这类管理者会让我们的人才队伍越来越平庸，进而让公司的市场竞争力持续走低。这类管理者的基本特征是：一方面确实希望招聘和使用有能力的下属，因为只有这样才能实现自己的管理目标；另一方面却又害怕或不愿意或不敢使用能力强的下属，因为担心这样的下属"不好管"，甚至有可能对自己的地位构成威胁。

防范"武大郎式的管理者"，要求我们做足以下"诗外功夫"。

（1）要确保将那些有格局的人才选拔到领导岗位上来，因为格局太小的管理者缺乏自信，其能力也可能是堪忧。

（2）要奖励那些敢于为了公司利益而大胆任用和举荐优秀人才的管理者，这类管理者本身往往具有较强的领导才能。

（3）要完善干部队伍评价标准，不能让那些有识人之能、用人之胆的干部产生不应有的职业危机感。

第39条

各级管理者有必要牢记，招聘观念、标准和技巧在招聘人才时固然十分重要，但最重要的是公司发展前景和人力资源政策对于人才们职业发展的价值。

我们需要建立这样的基本信念：**只有努力让公司成为人才最佳的职业发展平台，才能吸引到更多的优秀人才；只有有了更多优秀人才的加盟，我们才更有条件让公司成为人才的最佳职业发展平台。**

建立上述信念，对公司的决策层和高管层构成的要求更为直接：只有他们确保公司有正确的业务决策、有高效的组织运营管理和清明的人才治理环境，并且让更多的人才在公司事业平台上获得职业成功，才有可能使公司在人力资源市场上具备强大的和可持续的竞争力。

第六章

基本激励政策

第40条

人才激励并非只跟金钱有关。我们认为,每一位个体人才在职场上打拼,一定是希望获得相应的物质回报、精神回报和机会回报,只是不同的人在不同年龄阶段和工作环境下,对这三项回报追求的排序有区别。我们的激励政策要尽可能照顾到员工全面的需求,而不能只是关注员工对金钱的需求。

研究和探索出统一的能够同时兼顾员工上述三种需求的激励政策组合,是我们一直以来的追求。但由于我们的员工人数众多,无论如何都无法同时满足每一位员工在此三个方面的个性化需求。为此,我们有必要让员工知道"鱼与熊掌不可兼得"的道理,并善于引导和鼓励人才们,要依据自身的情况,学会在此三项回报之间寻求代偿和动态平衡。

所以,我们在激励政策设计和优化方面的基调应该是:尊重员工们的个性化需求,用统一的政策来激励员工,让员工们自主做出对自己最为有利的选择,并以此为导向来优化我们的人才结构。

第41条

华通公司人才激励的理念、方式和内容，应该涵盖以下六个方面。

（1）理想激励。应尽可能地把公司的事业梦想转化为员工个人的职业/事业理想，并努力做到而且让员工们相信，华通公司就是他们实现个人职业理想的最佳平台。

（2）机会激励。应通过富有善意的职务层级与工作设计，让员工们清晰地看到自己在华通公司的职业前景和晋升通道，并知道如何建立实现个人职务进阶所需的各项条件。

（3）薪酬激励。应尽可能地让员工们在华通获得优于行业平均水平的薪酬回报。

（4）股权激励。让"卓有成效的奋斗者"能够通过持有公司股份的方式，持续地分享公司发展的红利。

（5）绩效激励。有必要把对员工们的绩效管理也视作一种激励方式。因为，华通公司绩效管理的基本功能之一，就是通过机制赋能，促使员工们持续提升创造业绩所需的能力。我们相信,当一个人的业绩能力得到快速和可持续提升时,假以时日,他便一定能够获得更好的物质、精神和机会回报。

(6)赋能激励。要通过一切有效的方式来促使每一位个体员工持续地得到学习与成长。我们始终要坚定一个信念:**帮助员工提升职业/专业能力,就是对员工最根本、最可靠和可持续的激励。不明此理的员工,不是优秀的人才;不明此理的管理者,不是优秀的管理者。**

第42条

我们要始终采取有竞争力的薪酬政策，目的是让在华通工作的人们及其家人拥有不低于同等社会阶层的生活品质。

我们的薪酬政策设计和优化的基本原则是：一般固定薪酬+高变动薪酬。即：给予员工的基本薪酬要略高于或至少持平于行业平均底薪水平，给予员工的变动薪酬要高于甚至远高于行业平均变动薪酬水平。

确立这样的薪酬政策所基于的考虑是：**市场及竞争环境变化的不确定性势必持续增加，公司盈利将越来越难于预测**；在这种背景下，过高的固定薪酬政策，会在行业经济不景气时让公司陷入极大的被动，以至于不得不通过残酷的周期性裁员或降薪来减轻业绩压力。

第43条

采取"一般固定薪酬+高变动薪酬"政策,对公司的各级决策管理班子构成的一个基本要求是,必须确保业务策略、产品组合、组织运营和人才管理始终具有明显的竞争优势。只有这样,才能确保员工们通过努力创造业绩,能够拿到较高的变动薪酬。

如果员工们始终都在竭尽全力地工作,却因为公司整体缺乏盈利能力而无法拿到较高的变动薪酬,那只能说明我们的业务战略、运营模式或组织管理能力存在缺陷,因而各业务单位的决策团队应对此负责任。

在这种情况下,我们的基本主张是:暂时降低甚至于取消中层以上管理者的变动薪酬,并适度放宽中基层员工获得变动薪酬的条件;如果这样做也不足以增加员工的变动薪酬,那么就需要通过优化人员结构来解决问题。

第44条

采取"一般固定薪酬+高变动薪酬"政策,还对我们的绩效管理始终构成挑战。一方面,绩效管理必须确保公平分配,即让回报获得与价值创造高度正相关;另一方面,要确保绩效管理能够促使各团队创造最大化业绩,从而确保我们的仓库里始终"有粮可分"。

这就要求我们每一家独立核算的业务单位,都必须高度重视绩效管理,要切实把绩效管理作为促使公司各方面工作改善,进而促进业绩改善和薪酬改善的关键"抓手"。毫无疑问,公司的业绩得以改善,员工变动薪酬的改善便有了条件和底气。

第45条

我们应当尽一切可能，避免出现新老员工"薪酬倒挂"现象。**新老员工"薪酬倒挂"的本质是决策者的低能和懒惰，伤害的是公司利益和员工利益。**

防止新老员工"薪酬倒挂"现象的出现，要求我们始终做好以下四点。

（1）坚持创造性地运用"人才管理万用表"来优化设计公司的薪酬政策。

（2）确保"3S绩效管理体系"（见第55条）能够得到不折不扣的执行。

（3）运用"E9人才评估标准"理性评估新进人才的综合能力素质。

（4）正确看待老员工的价值，并持续采取合适的方式倒逼他们不断进步。

第46条

为维持公司薪酬政策的严肃性和稳定性，并确保薪酬政策能够适应新的经营和竞争环境的变化，薪酬政策设计与调整的权力应始终集中于集团人力资源中心，并且薪酬政策的任何调整，必须经由人力资源委员会民主议决。

要密切关注我们的薪酬政策在人力资源市场上竞争力的动态变化，并注意收集员工们对于薪酬政策的意见和要求。如果确认公司的薪酬政策在人力资源市场上的整体竞争优势受到了挑战，集团人力资源中心应提出变革方案，并提交给人力资源委员会讨论决策。

与此同时，我们也要谨防个别人将局部信息歪曲放大为对公司整体薪酬政策的不满。这类问题过往经常发生，未来还将必然发生。对于这类问题，我们必须保持清醒的头脑，要防止极少数人出于个人动机或认知偏差的原因，而使得公司的薪酬政策偏离正确轨道。

第47条

任何管理者个人试图打破公司既定薪酬政策的行为，都要予以高度警惕，因为这样做有可能像"千里之堤"上的"蚁穴"那样，给公司的人力资源管理体系造成系统性和连续性风险。

如果管理者单纯是出于激励下属的考虑，希望公司给予员工们的薪酬更高一些，而提出相关要求，这无可厚非。但是，如果管理者试图以"员工薪酬过低"作为团队不能实现其承诺的业绩目标的理由，甚至以这一理由变相对自身薪酬表达不满，那便需要引起更高级别管理者和公司相关职能部门的高度重视了。

各级管理者有必要高度重视本《章程》第41条所述的人才激励应涉及的所有方面，而不是单纯在薪酬这一个方面动脑筋。

第48条

公司在引进关系到未来发展的战略性独特人才时，如何制定针对性的薪酬政策，届时由公司人力资源委员会商议决定。但其底线条件是，不对公司整体的薪酬理念和政策构成破坏或潜在不良影响。

公司向生活水准差别较大的国内地区、城市和其他国家或地区派驻员工时，以及在当地招聘本地员工时，需要制定针对性的激励政策。这类针对性的激励政策，总体上必须体现以下四项原则。

（1）华通公司的员工薪酬在当地市场要有一定的竞争优势。

（2）必须同时采取本《章程》第41条所述的全部激励策略。

（3）必须是"一般固定薪酬+高变动薪酬"的薪酬政策组合。

（4）必须是统一的薪酬政策，任何人不得搞特殊化。

第49条

公司所有人员都有必要理解和相信，只有大家在正确的方向上和原则下齐心协力，竭尽全力、卓有成效地创造最大化业绩，公司才有可能在员工激励政策方面保持竞争优势，进而保证人才与管理等诸多要素的彼此促进、协调互动和良性发展。

对此，我们需要建立以下四点认知。

（1）绝大多数公司的绝大多数业务都是有生命周期的。

（2）在一项业务生命周期的中期之前，因为市场前景可期、业务增长迅速、企业盈利可观，在这种情况下，如何激励人才不会是一个大问题。

（3）当一项业务处于成熟或趋于衰退时，企业便会逐步丧失高效激励人才的条件和可能性。

（4）华通公司各项业务的决策团队要确保在现行业务尚未进入成熟期之前，就谋划、培育和发展第二甚至是第三业务曲线。

这是对公司各业务决策团队的基本要求,因为只有这样,才能让本业务部门的员工们始终充满工作激情,并保有对公司及领导层的信任。

第七章

股权激励原则

第50条

华通公司过往实行股权激励的经验教训显示，如果只是实行单纯的股权激励计划，会出现一系列"后遗症"。以下是已经出现过的最为棘手的五个问题。

（1）诱发了人性之恶、抑制了人性之善。

（2）激励了少数人，直接或间接打击了公司未来将会倚重的高潜人才。

（3）不论贡献大小，均按"同股同利"原则进行股份行权及奖励，导致了不公平。

（4）随着时间推移或收入足够多以后，一部分持股员工失去了奋斗精神。

（5）部分持股员工的能力已经不能满足公司不断变化和提升的新要求。

之所以出现以上问题，是因为公司历次实行股权激励计划时，都缺少系统严密的制度设计。为了防止上述问题严重影响公司的未来发展，我们需要对公司现行的股权激励计划进行系统的优化设计，并将之升级为真正意义上的合伙人制度。

第51条

华通公司未来的合伙人制度将覆盖全体员工，目的是让所有员工都能看到机会和希望，即每一位员工都有申请成为公司合伙人的权利，但只有满足相应条件、成为公司"卓有成效的奋斗者"级别的人才之后，才能被吸纳为公司合伙人，并有资格获授公司股份，进而持续分享到公司未来发展的多样化红利。

为使我们的合伙人制度"覆盖全体员工"的良愿得以实现，公司特地将合伙人由高到低分为三个层级：核心合伙人、正式合伙人和预备合伙人。对于不同层级的合伙人，公司将采取有区别的股权激励政策。

正式合伙人和核心合伙人均按照公司确定的新规则获授公司股份。

预备合伙人暂不持有公司股份，只有等到其具备成为正式或核心合伙人所需要的条件时，才可被吸纳为正式或核心合伙人，并按照相关规则获授股份。

我们将以正式和核心合伙人的标准来要求预备合伙

人。这样做的目的是，让预备合伙人在华通合伙人团队的合作氛围中，以及在公司所营造的员工成长轨道上，快速提升思想觉悟、业务水平和职业能力，以此促使他们早日成为公司正式或核心合伙人中的一员。

第52条

为确保公司的合伙人制度能够真正激励和锤炼关键人才队伍,我们花费了足够的时间和精力,设计并出台了《华通集团合伙人章程》(以下简称《合伙人章程》),对公司合伙人制度涉及的所有重大、敏感、原则性事项进行了系统明确的定义和规定。

《合伙人章程》主要明确了以下五个方面的内容。

(1)在集团公司任职的合伙人只在集团公司持股,在子公司任职的合伙人只在对应子公司持股;子公司只有实现了盈利或盈亏平衡,才可启动合伙人制度。

(2)一位员工是否能被吸纳为公司合伙人,以及成为哪个层级的合伙人,是由"合伙人身份层级定义标准"来决定的。

(3)所有合伙人均通过特定的员工持股平台来持有公司股份,而且所持股份一律由持股平台的普通合伙人代持。

(4)把合伙人的绩效贡献考核结果与其股份行权、

增量奖励、身份升降及股份增减持等相关利益进行挂钩。

（5）合伙人主动离职、被动离职、正常退休、因伤残不能继续工作或亡故的情况下，以及因违反"红线原则"而被开除时，其已经持有的股份全部由持股平台的普通合伙人回购；不同情形下的退出，股份回购价格不同。

公司决定让《合伙人章程》兼容此前已经实行的多轮股权激励计划。在将此前的股权激励计划优化为符合《合伙人章程》的合伙人制度时，遵循两项基本原则：一是充分尊重历史承诺，不让员工吃亏；二是纳入统一的管理规范，确保公司和人才双赢。

第八章

绩效管理

第53条

我们应当承认,华通过往的绩效管理是极为粗放的。过往绩效管理的目的,只是为了促进业绩达成和辅助"公平"分配,因为我们的绩效管理并没有可圈可点的理念和方式,只是在跟员工"对赌",更没有把绩效管理作为全面推动公司人才管理、组织管理和业务发展的杠杆性因素。我们只有承认这一点,才能理解改进绩效管理的必要性和迫切性。

我们过往的绩效管理之所以在表面上还说得过去,并不是绩效管理本身做得不错,而只是因为公司有条件在绩效方面与员工们进行博弈。我们敢于"对赌"的信心和条件,则来源于公司的规模较大、发展势头较好,以及我们提供了较有竞争力的待遇条件,众多优秀人才才愿意到公司工作。因而,我们在博弈中居于相对强势地位,员工们不得不接受我们的"对赌"条件。

我们十分有必要认识到,"对赌"性质的绩效管理是一种"偷懒"的管理行为。相比于采取更为科学严谨的方式来精益化管理员工的绩效,"对赌"直接而又省事。因为,前者显然需要花费许多时间、精力和成本,而采取"对赌"的方式则要简单省事得多,只要精心地、抑或是大而化之地、甚或是粗暴地设置一个让员工们不得不接受的绩效目标即可。这样的管理,既是对员工不负责任的行为,也是对公司的长期发展不负责任的行为。

第54条

华通未来的绩效管理，不应只是运用绩效考核手段来决定员工的金钱及相关利益，而是要把绩效管理作为推动公司人力资源管理整体效能持续提升的"牛鼻子"工程。

我们的绩效管理，要努力同时实现以下五个方面的目的。

（1）促进员工们的学习成长和有效的自我管理。

（2）促进上下级和跨部门/岗位间的工作沟通与高效协作。

（3）促进经营管理工作的持续改善（发现问题立即解决，发现机会立即抓住）。

（4）确保个人、团队和公司创造更大化业绩。

（5）确保公平分配，增加员工工作（物质、精神和机会）回报。

这五条绩效管理的目的，是每一位管理者必须牢记和努力实现的。我们反复强调，华通人才管理的核心理念是"成就员工"。"成就员工"不能是一句空话，践行这一理念的核心方式和原则，就是不折不扣地执行我们既定的绩效管理标准。

第55条

在进行绩效评估时,要坚持运用"3S绩效管理体系"来评估每一位员工工作周期内三个方面的绩效贡献:文化贡献(CS)、结果贡献(RS)和过程贡献(PS)。以下是评估员工绩效贡献的基本内容框架。

	评估指标	目标设置 (目标值来源)	评分标准	评估得分	权重	最终评估得分
文化贡献 (CS)						
结果贡献 (RS)						
过程贡献 (PS)						

战略规划委员会应在每一经营年度之初,就每一业务单位下一年度的业绩目标,与各单位的决策和高管团队在充分沟通的基础上达成共识(经营调研与分析工作应在上一经营年度末完成)。各业务单位的年度业绩目标,须经由战略规划委员会审议通过后才能生效。年度业绩目标一旦生效,原则上不可更改,除非在过程中出现不可抗力。

第56条

各业务单位在制定年度经营目标时,要始终运用好"增量利润"和"保底利润"的概念,并将这两个概念切实用来激励员工并肩携手、竭尽全力创造出最大化业绩。因为,"增量利润"是各业务单位用以决定员工年终增量奖励的重要依据,而设置"保底利润"则是计算"增量利润"的前置条件。

增量利润额的计算公式为:增量利润额=净利润额—保底利润额。战略规划委员会在沟通确定各业务单位的年度保底利润目标时,要充分考虑以下三个方面的情况。

(1)该业务单位上一经营年度的保底利润额及增量情况。

(2)外部经营环境因素对该业务单位业绩增长的影响。

(3)公司内部重大因素对该业务单位业绩增长的影响。

确定年度保底利润额的基本公式为:保底利润额=

（上一年度保底利润额+上一年度增量利润额×50%）×（外部经营环境因素对业绩增长的影响系数+公司内部重大因素对业绩增长的影响系数）/2。

  各业务单位年度保底利润目标确定以后，应通过"战略解码"的方式，将年度目标分解为各部门和岗位的绩效目标，以及拆解为实现业绩目标所涉及的若干关键工作事项目标与计划。

第57条

根据以往的经验，各业务单位在制定年度保底利润目标时，容易犯的一个错误是，尽可能制定"进取性"业绩目标，以为只有这样做，才能给员工们造成压力，才能促使员工们为实现高业绩目标而竭尽全力地工作。这是比较天真的。

考虑到新生代员工的种种特点，各业务单位的决策团队有必要清醒地认识到以下两点。

（1）实践反复证明，设置过高的业绩目标，只是决策层在寻求心理上的自我安慰，即自我欺骗式地以为：有了高目标，就能逼迫员工更加努力地工作，即便最终实现不了高目标，"退而得其次"也会有不错的业绩表现；有了高目标，可以让上级领导对自己的团队更加满意，即便最终未能实现高目标，到时候也有办法来应付。

（2）只设置合理的员工能够实现的保底利润目标，并不意味着员工不会努力工作。实践也已反复证明，设置合理的"保底利润"目标，绝大多数员工都会更加心悦诚服，会为争取"增量利润"而竭尽全力地工作，因为他们的个人利益是与"增量利润"高度挂钩的。

在这一点上，我们要充分地相信员工。"相信员工"的前提是，管理者要具备可靠的领导艺术支撑下的高度自信。

第58条

过往，我们针对高、中、基层的绩效是分别以半年、季度和月度为周期来进行考核的。这种绩效管理方式太过粗放，不利于确保业绩增长，也不利于干部和员工队伍的学习与成长。因为，**所有的环境因素都在快速发生变化，企业经营管理的不确定性一直在快速增加，在此背景下，绩效考核周期过长必然导致预测不准、计划不周，前期松垮、后期紧张等一系列问题。**

为了解决相关问题，公司明确要求：针对所有人员的绩效考核，都必须坚持以月为周期。

做出这样的规定以来，一部分业务单位反映考核周期过短，使大家疲于应付各种报表，影响了正常工作的开展，而且集中大家开绩效例会导致管理成本过高。这其实是一个习惯和心态问题。因为，我们已经习惯了过去那种粗放的绩效考核模式，把考核周期缩短以后，意味着要经常性述职，会暴露出许多问题，所以习惯了粗放管理的管理者，会找理由直接或变相抵制公司的这一要求。

大家有必要切记：**绩效管理是公司全部管理工作的"牛鼻子"**，牵一发而动全身，只要把绩效管理做好了，管理工作就会一顺百顺；而要做好绩效管理，首先是要有积极的心态和正确的认知，只要心态积极、认知正确，方法就不是问题。

第 59 条

要坚持不懈地将绩效评估结果与员工薪酬、奖金、职级升降及合伙人的股份行权、增量奖励和股份增减持等利益进行紧密挂钩。这就要求我们在做绩效评估时，必须做到公平公正地对待每一次评估，否则就会伤害到员工。

我们有必要牢记：不公平不公正的绩效评估会抑优助劣，会伤害公司、团队和员工；只有公平公正的绩效评估才能奖优罚劣，才符合公司、团队和员工的共同利益。

为了确保各级管理者公平公正地评估员工绩效，公司要求各单位的管理者在绩效评估时务必做到：所有的绩效评估尽可能地用数据说话；对于无法用数据来反映绩效成果的评估指标，上级管理者在打分以后，要在公开的绩效例会上说明打分的事实依据。这叫做以理服人。绩效评估不能做到以理服人，一定会出现一系列连锁性的不良效应。

为了确保各级管理者切实做到公平公正地评估下属绩效，并以此提升管理者的管理能力和领导艺术，集团人力资源中心要对各级管理者的相关行为进行监督，并对此方面出现的负面典型实施必要的惩戒。

第 60 条

我们必须努力通过"3S绩效管理体系"来同时实现第54条所述的五个目的。**各级管理者尤其是各用人单位的领导者,要切实高度重视3S绩效管理,把3S绩效管理作为成就员工、赋能团队、改进沟通协作、改善经营管理、创造最佳业绩、实现公平分配的重要抓手,而绝对不应以任何理由草率对待。**

为了确保"3S绩效管理体系"能够持续为华通的业绩增长和人才管理发挥应有的作用,我们特地专门组织力量制定了《3S绩效管理标准及执行细则》,用以指导和规范公司的全员绩效管理。任何用人单位和管理者个人,均不得以任何理由拒不执行或敷衍执行。

要谨防管理者为图简单省事,而以员工们"有意见"或"不理解"为理由,拒绝或打折扣地执行《3S绩效管理标准及执行细则》。在运用3S绩效管理方法的过程中,可能确有一部分员工,因其认知还停留在过往的经验和思维惯性上,而无法理解3S绩效管理方法对其个人长期职业发展的意义，但这不能成为管理者不执行或打折扣执行的借口。用正确的理念去影响员工的认知，是管理者的一项基本职责，而管理者要做到这一点，首先是自己必须有正确的认知。

第61条

"3S绩效管理体系"也是一个开放的系统,允许在执行过程中有所创新。但是,任何创新在开始阶段只应在小范围内局部进行,等到取得成功经验后,并在得到人力资源委员会的认可后,方可全面推广;进而,应在创新内容的全面推广取得显著效果之后,再对《3S绩效管理标准及执行细则》的相关内容进行更新。

在应用中创新"3S绩效管理体系"的基本方式有以下两种。

(1)在执行《3S绩效管理标准及执行细则》的过程中,我们只应关注操作性细节问题,并针对性地寻求解决细节问题的新方案,而不是试图改变3S绩效管理的内容结构。只有这样,才能使3S绩效体系得以顺利推进,并产生良好的效果。

(2)在执行《3S绩效管理标准及执行细则》的过程中,任何部门和个人创造出了卓越业绩,我们都有必要及时了解、分析和总结其背后的经验,进而将相关经验成果转化为可复制的管理标准,并对《3S绩效管理标准及执行细则》进行相应更新。这应该是在应用3S过程中创新3S的最佳方式。

第九章

人才培养

第62条

我们有必要强化和固化一个信念：华通是一所以实践为导向的"教育机构"。

该信念来源于这样的认知：**任何一位员工，只有具备相应的思维、行为和能力，才会创造出相应的业绩**；任何一位员工，只有具备了创造业绩的能力，才能被企业所珍视，也才能实现个人的职业理想；公司只有设法让员工持续地提升创造业绩的能力，才能提升员工创造业绩的可能性，也才会事实上对员工的职业发展和职业收获产生贡献；因此，我们要寓教育于管理行为之中，**每一位管理者同时也是特定的"教育工作者"**。

践行这一信念，要求我们的各级管理者承担起"教育"下属员工的责任。但我们所说的"教育"，绝不是指居高临下式的说教，更不是板着面孔来训诫下属员工，而是在"成就员工"的基本理念下，管理者通过"身教+言传"的方式，积极正面、用心良善地影响员工，使之有能力在职业上持续收获更大的物质、精神和机会回报。

践行这一信念,要求我们的各级管理者从各个方面不断进行自我修炼。只有自身成为标杆,才能成为令下属尊敬的"师长"。

第63条

华通人才培养的重心，始终要向每一个团队的"中间层"倾斜。这是因为，**把人才培养的重心放在"中间层"，可以起到"固本、推上、带下"的三重作用。**

所谓"固本"是指，任何一个团队中，处于"中间层"能力和业绩状态的人员通常占大多数，只要这部分人员的能力和业绩得到巩固和提升，团队整体的能力和业绩就能得到明显提升。而且，这部分人员通常更有意愿提升自己的能力和业绩。

所谓"推上"是指，只要一个团队中"中间层"员工群体的能力和业绩得到提升，团队领导以及团队中能力和业绩较优的群体就会有压力感和危机感，因为他们只有提升自己的能力和业绩，才能保有自身的既得地位和利益。

所谓"带下"是指，团队中"中间层"群体距离能力和业绩相对较差的群体最近，后者可能不会奢望自己一下子成为团队中能力和业绩超强的那部分人,但他们中的大多数人会有意愿向团队的"中间层"看齐。

把人才培养的重心放在"中间层",将极大地考验各级管理者的心态、思维格局和领导艺术。

第64条

不能脱离企业经营管理的实际来做人才培养，否则既有损于公司利益，也极有可能有损于员工个人利益。

培养员工的方式多种多样，我们首先倡导的是让员工们"基于岗位工作而创造性学习"这一方式。因为，这种培养人才的方式既有助于快速提升员工的职业能力，也使得人才培养不脱离企业的经营与管理实践。

倡导让员工们"基于岗位工作而创造性学习"，不意味着要排斥其他可以用来有效提升员工能力的培养方式（比如：安排某些课题的培训，让员工外出学习某些观念或技能，推行师徒制，让员工轮岗锻炼，让员工参加某种以获取学历或职业资格为目的的培训，鼓励员工利用一切条件和机会自主学习，等等），而是大量的实践经验使我们确信，让员工们"基于岗位工作而创造性学习"，能够带动其他一切可以用来提升员工职业能力的方式，使之更具成效。

第65条

为了更有效地让员工们"基于岗位工作而创造性学习",我们要坚持统一规范地使用以下"PS赋能工具表",来定期规范和明确每一位员工在周期内的工作与学习目标与路径。

岗位工作方向	关键工作事项	成果形态描述	起止时间	达成情况总结

《PS赋能工具表使用规范》为各用人单位运用上述工具表来促使员工学习与成长,提供了明确的指导方针和原则。各级管理者必须遵照执行,集团人力资源中心对全公司执行该规范的结果负监督责任。

第66条

有必要建立和强化这样的人才培养理念：绩优者即为学优者。这一理念与让员工们"基于岗位工作而创造性学习"的倡导是一脉相承的：以岗位工作为抓手来促使员工们创造性学习，衡量员工学习成果的标准不是学到了什么知识和技能，而是创造了什么业绩或解决了什么工作问题。因为，创造了更佳业绩或解决了工作问题，意味着一定是掌握了新的知识和技能，而掌握了新的知识和技能，并不表示一定能够创造业绩和解决工作问题。

"奖励绩优者"的最佳方式，是将员工创造性学习的成果与其绩效评估结果挂钩，而绩效评估结果将影响员工的薪酬、奖金、股权、升职等切身利益。我们有必要坚信，通过这种方式来促使员工学习与成长，对公司和员工的可持续发展都是有益无害的。

我们相信，只有"奖励绩优者"，才能鼓励各团队和每一位员工愿意并善于通过"PS赋能工具表"，来实现高效的自我学习与成长。

第67条

应建立这样的认知:只有管理者是"基于岗位工作而创造性学习"的高手,他们才能培养出善于"基于岗位工作而创造性学习"的下属;团队成员不善于"基于岗位工作而创造性学习",说明其团队管理者在这个方面的能力是欠缺的。

实践已经证明,管理者要想成为"基于岗位工作而创造性学习"的高手,最佳路径是自觉自愿和不折不扣地使用《PS赋能工具表使用规范》来进行自我工作管理,并善于创造性地运用这一工作规范来分析、监督、指导和管理下属员工的日常工作。因为,我们在这一规范中所提出的六项要求(强沟通、不偏向、不漏项、可衡量、可控制、有挑战),不仅可以让管理者的自我工作管理更加有效,而且为管理者全面高效地指导和管理下属员工的工作,提供了系统的原则和方法。长期使用该规范,必能促使管理者高效成长。

第十章

保留和裁员

第 68 条

我们一方面要竭尽所能地保留优秀人才，另一方面要有理有节地及时辞退那些不能满足公司最低管理要求的员工。要保留的人才是公司的财富，要尽可能地让他们为公司所用，让其创造价值，并与之分享公司的经营成果；要辞退的员工也可能会在其他公司有更佳的职业表现，因而让他们离开，长期来看对公司和其本人都将是明智的选择。

我们有必要建立这样的认知：**只有努力使公司成为员工们最佳的职业发展平台，才能更有效地保留优秀人才，以及及时辞退不能满足公司基本要求的员工**；否则，保留人才的努力会事倍功半，也不敢果断地请不符合要求的员工离开。所以，努力维持和不断提升公司对人才的吸引力和影响力，是保留优秀人才和果断辞退不合格员工的前提。

维持和提升公司对人才的吸引力和影响力，不只是公司决策层和高管层的责任，也是全体员工的共同责任。

第69条

保留人才，不是等到员工提出离职或在其有了离职动向时再设法挽留，而应形成一整套策略及流程，即自新员工入职第一天起，就开始对其进行周期性的观察和评价，并基于观察和评价结论，对其不间断地和有原则地进行激励（包括升职、调岗、调薪、调级、给予股权激励等）和干预。

建立和维持清明的人才治理环境、有竞争力的人才激励政策、公正公平的绩效管理体系等，是维持和提升公司对人才的吸引力和影响力的必要条件。

切记：优秀人才之所以离开公司，一定是他们的某些需求在公司没有被满足。我们不能说员工的所有需求都是合理的，也没有能力和条件满足人才们的所有合理需求，但我们要尽可能地朝着这个方向不懈努力。

同时需要注意，**直接上级的人格魅力、性格特点、管**

理风格和职业前景,也是决定人才是否愿意加盟公司或留在公司的重要变量。所以,提高公司对人才的吸引力和影响力的注意点之一,是公司干部队伍的整体状态、能力素质和进取精神。

第70条

我们鼓励那些具备向死而生精神、有独特能力和巨大成功欲望的人才在公司实现内部创业。

鉴于华通的业务性质,内部创业者所创立的公司,一般只作为华通的外围延伸性组织形式存在。对于这类实体组织,华通持股比例将依据双方的出资比例及形式而定,但华通不追求控股,因为我们要让这类实体组织的创业团队直面市场、自决生死、自由翱翔。

员工在华通平台上创业,不应是员工的自发行为,而应是公司统一规划下员工的自主选择。这种自主选择,应通过公司有关部门主导的规则下的公开公平竞争来实现。

有必要说明,华通员工"内部创业"的通道,只对在华通工作八年以上、职务级别达到六级的员工开放。不满足此两项条件的员工,没有资格内部创业;具备这两项条件并有创业意愿的员工,需要等待机会才可以通过竞争的方式实现内部创业理想。

第71条

保留人才和辞退员工都要有经得起质疑的充分依据，只有这样才能让被保留者得以服众，才能让被辞退者无话可说，也才可能对其他员工产生积极正面的启示效应。

保留人才和辞退员工的依据，不应是个别管理者的个人好恶，而必须是基于运用"E9人才评估标准"和"3S绩效管理体系"，来对员工进行不间断周期性评估的结论而做出的民主决策。

我们需要建立这样的认知：**等到公司的某一项业务出现危机后，再通过裁员来"降本增效"，或通过关闭某一业务部门来避免其对公司整体的拖累，从而大面积遣散员工，这是不道德的。**因为这样做，会让一部分无辜的员工遭受不应有的打击，还可能使部分员工的家庭陷入困境。

为避免这类极端情况的发生，我们必须十分重视"3S

绩效管理体系"在公司的应用,因为通过这一管理体系,不仅可以确保既定业务产生尽可能好的业绩,而且在经营管理过程中,基于3S绩效评估结果来决定员工的去留更为合情合理,对公司和员工双方也更为有利。

第72条

公司在发展过程中有可能会出现阶段性裁员。裁员分为两类：一是部门人员过剩，严重影响到部门业绩表现，故而有必要减员增效；二是部门业绩严重低于预期且改善无望，公司决定收缩业务、关闭该部门，因而不得不遣散该部门员工。

对于上述第一种情况下的裁员，应该是基于被裁撤员工过往的"E9人才评估标准"和3S绩效评估结果而做出的审慎决策。

对于上述第二种情况下的裁员，应该优先裁撤掉那些对具体业务负责的管理者，不能让他们有机会在公司内部"移地做官"。但对于第二种情况下的中基层员工，如果公司其他用人单位有职位空缺，有关部门应尽量协调内部转岗；对于实在无法在公司内部重新安排岗位的员工，必须做好安抚工作。

第73条

所有的裁员行为都必须做到合法合规。这里所说的"合法合规",是指要提前按照相关法律和政策规定来妥善遣散被裁减人员,并获得他们的谅解,而不是等到有员工有了强烈的不满,因而通过行政途径或法律诉讼来要求公司解决问题时,再匆忙考虑如何来满足相关法律和规范的要求。

华通每年都有大量新员工入职,也有许多员工因各种原因离开公司。为避免或减少员工离职时的争议,我们有必要依据有关法律法规的变化,以及不同地区法律法规执行环境因素的不同,来持续优化/更新公司与员工之间的劳动合同文本及与之相配套的制度性文件。对于不同层级和专业的员工,我们的要求和期待有所不同,彼此承诺的内容也有较大差异,因而与不同类型的员工签订的劳动合同的内容也应有所区别。对待离职员工的总体政策基调应该是:互不为难、好聚好散、彼此祝福。

我们需要再次强调:裁员应是"不得已而为之",

应尽最大可能避免发生；避免裁员的有效做法是，加强公司经营管理过程中的业务管理、组织管理和人才管理；无论如何，发生大规模的裁员现象，都不是什么光彩的事情。

第十一章

附则

第74条

本《章程》为公司的人力资源管理及其创新提供了基本理念、原则和方法指引。

华通公司本体组织人力资源管理的所有理念、规范和政策，均不得违背《章程》所确立的宗旨、立场和原则，即均应是《章程》的应用与扩展。

《章程》实行后，凡是不符合其所述理念、原则和方法的人力资源管理制度、政策和行为，一律应依照《章程》确立的相关理念、原则和方法进行创新改造；任何与《章程》所确立的宗旨、立场和原则相违背的人力资源管理方式，都应当被摈除。

运用《章程》所述的人力资源管理方法来替代此前的管理方法，会有一个过程。为避免转换过程中引起不必要的混乱，我们需要确立这样的原则：循序渐进，避免"一刀切"。转换过程中，必然会出现对新理念和方法的不适应，因而留恋过往的理念和方法而"非难"新主张的情况。对此，集团人力资源中心要做好宣导、引导和疏导工作。

第75条

针对本《章程》无法详述因而无法具体落实或落实中存在争议的内容，集团人力资源中心应会同有关部门和人员尽快研究制定出专案管理办法。

在制定任何专案管理办法时，要充分做好系统的调研工作，要广泛听取不同人员的意见和建议，不能唯上级意志是从，也不能迷信名家观点。

制定出的专案管理办法，应在进一步广泛征求管理者和员工代表意见的基础上，经由人力资源委员会研究决策后公布实行。

涉及面广或重大敏感的专案管理办法，应尽可能先选择在部分业务部门试行验证，证明有效后再总结经验，全面推广实行。

第76条

本《章程》执行过程中,如发现存在缺陷或与变化了的环境不相适应之处,可以修订。

修订《章程》时,由集团人力资源中心负责收集修改意见和建议,并经由人力资源委员会研究同意后,方可实施修订。

修订后的条款在正式实行之前,需向不少于1/10的中基层岗位员工和1/3的高级管理岗位人员征求意见,并经由人力资源委员会审议和同意,方可正式公布实行。

附录

应用《章程》须知

每一家企业都可以参照本《章程》（范本），来设计出符合本公司经营与管理个性的人力资源管理基本制度。有了专属的基本制度，公司的各级管理者便可以按照制度确立的理念、原则、要求和方法开展人力资源管理工作。如此一来，必将出现以下四重效应。

1. 企业家的人才管理思想、理念、意志及原则将得以充分提炼和系统设计，直至形成兼具指导功能和强制功能的纲领性文件。

2. 将系统地呈现和阐述企业和员工之间的友好型合作关系，因而员工们会更加信赖公司，公司对外部人才的吸引力也会因之而相应提升。

3. 使公司人力资源管理的所有方面都有章可循，这将极大地减少管理者因个人化、经验化操作而导致的诸多问题。

4. 公司的组织与人力资源管理效能，以及伴随而来的市场竞争力，将因推行"新法"而得到明显提升。

将《章程》转化为适合于本公司的人力资源管理基本制度，需要掌握必要的设计策略、方法和技巧，以及需要导入若干具体的方法及工具。前者比如，究竟应该怎样取舍和改造"范本"的内容结构，才符合本公司决策高层的人才管理理念、意志、要求及原则；只有源自真心且脚踏实地的追求，才能让员工们信任公司，并产生理想的人才管理效果。后者是指，只有导入若干具体的方法及工具，将其与设计出来的《章程》相配套，才能确保所输出的"基本制度"具备高落地性能，并且可以产生连续性正向效应。

如果读者在阅读和研究了《章程》之后，决意将之改造成为具有本公司个性的人力资源管理基本制度，可以采取以下两种方式来导入《章程》中提及的相关方法及工具。

一是阅读三部著作：《合伙人制度顶层设计》《3S绩效考核》和《共利型企业家》。这三部著作均系本书两位作者撰写，由企业管理出版社于2018—2022年期间先后出版。《章程》中提及的相关理念、方法和工具，这三部著作中均有大量的理论阐述、方法指引和应用案例。

二是申请学习七个模块的网络或线下课程。这七个模块的课程，是本书两位作者专门就读者所在企业如何输出本公司专属《章程》而设计，课程实操性较强，并且由两位作者亲自讲授。

关于三部参考著作

参考著作之一：《合伙人制度顶层设计》

《章程》中提及的"合伙人制度"，应该是任何一家公司激励核心人才团队的至关重要的管理制度。了解合伙人制度应具备的内容，有助于设计出长效的合伙人制度，或有助于对公司现行的合伙人制度进行优化升级。

以下是《合伙人制度顶层设计》一书的一级标题：

第1章　合伙人制度兴起的时代背景

第2章　股权激励不能解决的问题

第3章　合伙人制度的1+4模型

第4章　企业发展阶段与合伙人制度选择

第5章　员工持股的四种基本模式

第6章　评析：华为、阿里巴巴、温氏农业的案例

第7章　品鉴：元亨、华科、GK公司的案例

第8章　合伙人的绩效考核

第9章　创业公司的合伙人制度设计

第10章　与供应商和销售商之间的合伙

第11章　亡羊补牢：股权激励缺陷之弥补

参考著作之二：《3S绩效考核》

《章程》中反复提及"3S绩效管理体系"这一概念，并反复强调绩效管理是企业做好全面人力资源管理的"牛鼻子"工程。但是，现实中的绩效管理方法众多，企业究竟应该选择什么样的绩效管理方法，会是一个很大的问题，因为不同绩效思想与方法的实用效果会大相径庭。本书可以帮助读者了解"3S绩效管理体系"，以及它与其他绩效管理思想与方法的区别。

以下是《3S绩效考核》一书的一级标题：

第1章　难题：合伙人的贡献管理

第2章　绩效管理问题认知模型

第3章　绩效管理案例与理论评析（上）

第4章　绩效管理案例与理论评析（下）

第5章　推荐：3S贡献管理体系

第6章　3S贡献管理体系设计原理

第7章　3S贡献管理体系执行要点

参考著作之三：《共利型企业家》

将《章程》转换为本公司个性化的人力资源管理基本制度，需要导入六套具体的管理方法及工具：①公司事业梦想、业务逻辑和组织文化的输出方式及流程；②"人才管理万用表"的设计原理及方法要领；③"E9人才评估标准"的内容框架及应用方法；④人才激励政策组合的设计原理、流程及方法；⑤"3S绩效管理体系"的设计原理及导入流程；⑥"PS赋能工具表"的内容结构及应用技巧。这六个方面的管理方法及工具，除"E9人才评估标准"之外，在《共利型企业家》一书中都有系统呈现。

以下是《共利型企业家》一书的一级标题：

第1章　人才管理问题的现象、原因和本质

第2章　必要的认知：劳资关系的三次演变

第3章　发现：第四种人才管理模式

第4章　再选择：哪种模式更适合你公司

第5章　共利型组织的"灵魂"：成就员工

第6章　共利型人才管理方案设计：1+4模型（上）

第7章　共利型人才管理方案设计：1+4模型（下）

第8章　模式成败的关键：3S贡献管理体系

第9章　企业发展阶段与共利型组织设计

第10章　为什么"共利模式"又叫"中国方案"

关于七个模块课程

模块一：《章程》的个性化设计要点

核心内容

1.《章程》的来源、意义及核心内容释义

2.《章程》的个性化设计流程、方法及注意事项

3. 确保《章程》具备高落地性能的六套方法及工具

模块二：输出事业梦想、业务逻辑和组织文化

核心内容

1. 事业梦想、业务逻辑和组织文化在人力资源管理过程中的作用

2. 事业梦想和业务逻辑的输出方式、流程及控制要点

3. 文化守则的输出方式、流程及控制要点

模块三：设计"人才管理万用表"

核心内容

1. "人才管理万用表"的来源与用途

2. 职级体系的设计原理、方法要领及注意事项

3. "人才管理万用表"的适用方向、应用原则与技巧

模块四：导入"E9人才评估标准"

核心内容

1. 人才评估的重要性及实践中的误区

2. "E9人才评估标准"的来源及内容介绍

3. "E9人才评估标准"在人才招聘、任用、培养和保留中的应用

模块五：制定有弹性的薪酬及股权激励政策

核心内容

1. 人才激励的原点问题和五个"抓手"
2. 制定和优化薪酬激励政策的方法建议
3. 股权激励政策的设计与优化要点

模块六：构建"3S绩效管理体系"

核心内容

1. 绩效管理是人才管理的"牛鼻子"工程
2. 原点问题：绩效考核为何考、考什么
3. 3S绩效管理体系的来源、原理、方法与工具
4. 导入3S绩效管理体系的一般流程及注意事项

模块七：构建人才赋能成长模式

核心内容

1. 员工学习与成长的四种基本模式
2. 员工学习与成长相关的核心观点与主张
3. 建议：运用《PS赋能工具表》高效培养人才

申请学习上述课程，可直接添加微信EVAP003